DIESES BUCH GEHÖRT:

— ♥ —

(Der besten Mama der Welt!)

Foto von dir

Impressum

© 2025 Sandra Cichon

Herausgeber: RBM Publishing
Autor: Sandra Cichon
Buchsatz: Sandra Cichon
Umschlaggestaltung:
Daniela Patricia Brenner von deincoverdesign
Lektorat: Janna Block

Kontakt: Belinda Derflinger, Auergütlweg 10, 4030 Linz, rbm.publishing@gmx.at

ISBN: 978-3-903505-83-4 (Taschenbuch)

Inhaltsverzeichnis

WILLKOMMEN IM CLUB
DER CHAOS-COACHINNEN

Herzlichen Glückwunsch! Wenn du dieses Buch in der Hand hältst, bist du entweder schon Mama oder stehst kurz davor, dich ins größte Abenteuer deines Lebens zu stürzen. Willkommen im exklusivsten, chaotischsten und lustigsten Club der Welt: dem Club der Chaos-Coachinnen, Überlebenskünstlerinnen, Alltagsakrobatinnen, Krisenlöserinnen und Multitasking-Maschinen – besser bekannt als Mamas.

Hier gibt es keine Aufnahmeprüfung, aber dafür eine lebenslange Mitgliedschaft und jede Menge Wäscheberge gratis dazu.

Lass mich raten: Du hast heute wahrscheinlich schon drei Konflikte um einen nicht existenten blauen Legostein geschlichtet, ein halbes Toastbrot vom Fußboden gekratzt und bist seit fünf Stunden auf der Suche nach deinem Kaffee, der inzwischen eiskalt irgendwo auf einer Fensterbank auf dich wartet. Ich kann dich beruhigen, du machst alles genau richtig!

Das Leben als Mama ist wie ein Langstreckenlauf – nur dass dir zwischendurch jemand ein Baby in den Arm drückt, dir drei Einkaufstüten anhängt und dich fragt, was es zum Abendessen gibt, während du barfuß auf ein Spielauto trittst.Aber keine Sorge, du bist nicht allein! Jede Mama kennt diesen Wahnsinn. Und genau deshalb ist dieses Buch für dich da – dein persönlicher Rettungsring im Alltagschaos.

Hier findest du keine perfekten Lösungen, sondern 100 erprobte Überlebensstrategien, die dich mit einem Augenzwinkern durch den Tag bringen. Egal, ob du gerade dabei bist, dir einen Plan zurecht zu stricken, wie du dich fünf Minuten davonschleichen kannst, um nach drei Tagen mal wieder zu duschen, oder versuchst, dein Baby in den Schlaf zu wiegen, während dein Vorschulkind dir ein episches Drama über einen verlorenen Glitzerstift erzählt – ich habe für alles einen Tipp. Okay … für fast alles.

Mach dir einen Kaffee, schnapp dir ein gemütliches Plätzchen (oder den nächstbesten Wäscheberg) und lass uns gemeinsam lachen, schmunzeln und den Mama-Alltag ein kleines bisschen leichter machen. Denn wenn wir ehrlich sind, ist Humor manchmal das Einzige, was uns davon abhält wahnsinnig zu werden. Also: tief durchatmen, Chaos akzeptieren und loslesen.

Du rockst das!

1. Kapitel:
Das Morgenchaos meistern

10 Überlebensstrategien,
damit dir nicht schon morgens
die Düse geht!

10-Minuten-Vorsprung

Stelle deinen Wecker so , dass er dich mindestens 10 Minuten vor den kleinen Monstern weckt.

Diese Bonuszeit gehört dir – zum Durchatmen, Wachwerden und mentalen Einstimmen auf den Tag.

Hast du das große Los gezogen und echte Frühaufsteher in die Welt gesetzt, die „Morgenstund hat Gold im Mund" auf ein ganz neues Level bringen?

Dann kommt hier ein Notfallplan:

Führe ein festes Morgenritual ein, das dir etwas Zeit verschafft. Z. B. dürfen die Kinder sich nach dem Aufstehen ein Buch aussuchen, welches sie lesen oder sich anschauen können. Ein Hörbuch ist auch immer eine gute Idee. In dieser Zeit dürfen deine kleinen Schätze nicht „MAAAAMAAAA" rufen. Mache ihnen klar, dass du diesen Moment für dich brauchst. Danach bist du wieder mit vollem körperlichem und mentalem Einsatz für deine Zwerge da. Denn mit einer einigermaßen ansehnlichen Frisur und nach einem heißen Kaffee ist Mama doch viel umgänglicher!

Kaffee first!

Starte deinen Tag mit einem heißen Kaffee (oder Tee). Dafür kannst du deine 10 Minuten nutzen.

Regel Nummer eins: Mama tankt Energie, bevor sie den Motor auf volle Leistung hochfährt.

Notfalls mit einem Thermobecher in der Hand, während du die kleinen Morgenmuffel aus ihren Kuschelhöhlen lockst.

GUTER ABEND, GUTER MORGEN

Bereite abends so viel wie möglich vor: Kleidung rauslegen (am besten gemeinsam mit dem Kind, damit es morgens keine Diskussionen bei der Klamottenauswahl gibt), Brotdosen packen, Rucksack bereitstellen usw. Denn nichts bringt die Morgenruhe schneller zum Eskalieren als eine hektische Suchaktion gepaart mit einem kindlichen Wutanfall, weil es heute lieber das Paw Patrol Kostüm und nicht den neuen Pulli von Oma anziehen will.

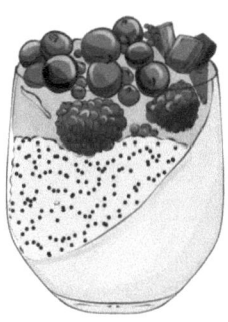

5-Minuten-Mama-Ritual

Ob ein kurzes Stretching, ein Dankbarkeitsmoment oder einfach nur stilles Sitzen mit geschlossenen Augen – das beruhigt die Nerven, bevor der Wahnsinn losgeht.
Hier habe ich einen ultimativen Tipp für dich, wie du ein kurzes Ritual in deine Morgenroutine einbauen kannst. Glaube mir, es wirkt wahre Wunder!

Affirmationen

Affir... Was?

Affirmationen sind wie kleine mentale High-Fives für dich selbst. Es sind positive Sätze, die du dir sagst, um deinen inneren Cheerleader zu wecken. Denn seien wir ehrlich: Wenn schon niemand applaudiert, weil du zwei Kinder gleichzeitig angezogen hast, kannst du dich wenigstens selbst feiern, oder?
Schaue in den Spiegel (mit den Zahnpastaresten deines Partners vom Vortag).

Sieh dir selbstbewusst in die Augen und sage einen der folgenden Sätze laut und voller Überzeugung 5x zu dir selbst:

„Heute schaffe ich alles, was ich mir vornehme!" (Außer vielleicht die Bügelwäsche. Aber das zählt nicht.)

„Ich sprühe heute vor Energie!" (Und lasse sie mir auch von den kleinen Energievampiren nicht nehmen.)

„Ich ruhe in mir selbst und nehme jede Herausforderung an!" (Auch beim Versuch, mir etwas Klebriges aus den Haaren zu kämmen.)

Platz für eigene Affirmationen:

_____

_____

_____

_____

Schnelles Power-Frühstück

Hier kommen schnelle, leckere Frühstücksideen, die dich mit Energie versorgen – und zwar schneller, als deine Kleinen „Mamaaa!" rufen können.

Overnight Oats

Zutaten:
- 50 g Haferflocken
- 150 ml Milch (oder pflanzliche Alternative)
- 1 EL Chiasamen
- 1 TL Honig oder Ahornsirup
- frisches Obst (z. B. Beeren oder Bananenscheiben)

Zubereitung: Alles in einem Glas vermischen, über Nacht im Kühlschrank ziehen lassen und morgens genießen.

Smoothie Bowl

Zutaten:
- 1 gefrorene Banane
- 1 Handvoll Beeren
- 200 ml Joghurt oder pflanzliche Milch
- Toppings: Nüsse, Samen, Kokosraspeln, Granola

Zubereitung: Die Zutaten mixen, in eine Schale geben und nach Belieben mit Toppings garnieren.

Rührei mit Gemüse

Zutaten:
- 2 Eier
- 1 Handvoll gewürfeltes Gemüse (z. B. Paprika, Tomaten, Zucchini)
- 1 TL Olivenöl
- Gewürze nach Geschmack

Zubereitung: Gemüse anbraten, Eier verquirlen und dazugeben. Kurz braten, fertig!

Gute Stimmung

Stelle dir eine ultimative Gute-Laune-Playlist für Supermamas zusammen. Sie bringt dich morgens in Schwung und gibt dir die nötige gute Laune, um die ersten ungeplanten Hindernisse des Tages zu überwinden.

Feel-Good-Klassiker für gestresste Mamas

- „Walking on Sunshine" – Katrina and the Waves (Weil es fast unmöglich ist, bei diesem Song nicht mitzusingen oder mitzutanzen.)

- „Happy" – Pharrell Williams (Ein Garant für gute Laune!)

- „I'm Every Woman" – Chaka Khan / Whitney Houston (Der Soundtrack für deinen Supermama-Moment – du kannst ALLES schaffen!)

- „Don't Stop Me Now" – Queen (Perfekt, um dich daran zu erinnern, dass dich nichts aufhalten kann – außer vielleicht ein verlorener Schuh.)

- „Girls Just Want to Have Fun" – Cyndi Lauper (Reminder: Du bist nicht nur Mama, sondern auch jemand, der Spaß haben darf!)

Snack-Station

Richte eine Snack-Station in der Küche ein, wo die Kinder selbstständig ihre Lieblingssnacks für die Schule oder den Kindergarten einpacken können. Weniger Stress für dich, mehr Eigenverantwortung für die Kleinen und ein gewisses Maß an Kontrolle, dass nicht nur Schokolade und die halb angefressene Waffel, die unter dem Sofa lag, in der Brotdose landen.

Timer-Challenge

Mal wieder spät dran? Stelle einen Timer für die Aufgaben deiner Kinder wie Anziehen oder Zähneputzen. Kinder lieben Wettbewerbe – und du sparst dir das ewige „Mach jetzt, wir müssen los!"

Meine Morgenroutine

Eine tolle Ergänzung zu dem Timer und eine echte Hilfe (wenn du dich nicht wie eine kaputte Schallplatte anhören willst) ist das sogenannte Morgenroutine-Board.

Hier findest du eine Vorlage zum Ausdrucken:

ABSCHIEDSRITUAL

Egal, wie chaotisch es war: Verabschiede dich mit einem Lächeln und einem liebevollen Ritual. Ein High-Five, ein „Ich liebe dich" oder ein Kuss sorgen dafür, dass jeder gut gelaunt in den Tag startet.

Ganz nach dem Motto: Alles, was sich gut anfühlt, ist gut!

2. Kapitel:

Essen, das ALLE glücklich macht

10 Überlebensstrategien,
um hungrige Monster zu besänftigen!

DAS BAUSTEIN-BUFFET

Stelle das Essen wie einen Lego-Bausatz zusammen: Verschiedene Komponenten (Nudeln, Reis, Gemüse, Käse, Soßen) kommen auf den Tisch, und jeder baut sich seinen Teller selbst zusammen. Es gibt weniger Gemecker, weil jeder das bekommt, was er mag.
Bonus: Es müssen mindestens drei Komponenten ausgewählt werden – abwechslungsreiche Ernährung leicht gemacht!

DER TARNKAPPEN-TRICK

Verstecke Gemüse in den Lieblingsgerichten deiner Kinder. Spinat im Smoothie, Karotten im Muffin, Zucchini in den Hackbällchen. Mission „Gesund essen ohne Gemecker" erfolgreich abgeschlossen.

Frühstück zum Abendessen

Manchmal ist das Leben kompliziert, also mache das Essen einfach: Ein Stapel Pancakes oder eine Schüssel Müsli zum Abendessen sorgt für strahlende Kinderaugen. Wer sagt, dass Cornflakes nur morgens glücklich machen? Du musst nicht Tag für Tag drei verschiedene Gerichte kredenzen!

Snack-Notfallbox

Wenn der Hunger zuschlägt, rette den Frieden mit einer Snackbox: vollgepackt mit gesunden (und schnellen) Optionen wie Obst, Nüssen, Reiswaffeln oder Käsesticks. Und immer griffbereit, wenn es mal wieder heißt: „Ich hab' Hunger!" – auch zehn Minuten vor dem Abendessen.

Bonustipp: Eine gesunde Snack-Ecke ist auch immer sehr beliebt. So können die Kinder sich bei Hunger selbst bedienen.

Die Lustiges-Essen-Challenge

Motiviere wählerische Esser, indem sie ihr Essen kreativ gestalten dürfen. Brote werden zu lustigen Gesichtern mit Gurkenaugen, Paprika-Mündern und Käse-Haaren. Das Ergebnis: Weniger Stress und mehr Spaß am Tisch.

Kennst du schon Frau Würstchen?

Einfach Spaghetti oben in ein Heißwürstchen stecken, sodass sie wie Haare aussehen und dann kochen. Noch ein Gesicht schnitzen und fertig sind die lustigen Würstchen. (Nicht gesund, aber lustig und deine Kinder werden dich dafür lieben!)

Die Alles-geht-Pfanne

Du hast Reste im Kühlschrank? Perfekt! Wirf sie in eine Pfanne, füge Eier, Käse oder eine Soße hinzu, und nenne es „Mamas Spezial". Keiner muss wissen, dass es nur Reste sind – sie werden es lieben.

Pizza als Friedensangebot

Lasse die Kinder ihre eigene Pizza belegen! Egal, ob Käseberge oder Salamiherzen, diese Aktivität macht Spaß und stillt den Hunger. Plus: Du bist kurzzeitig die coolste Mama der Welt.

Der Farbenteller

Spiele ein Farbspiel: Jeder muss mindestens drei verschiedene Farben auf seinem Teller haben (z. B. grüne Erbsen, rote Tomaten, gelbe Paprika). Das macht nicht nur Spaß, sondern sorgt auch für

Die Immer-mal-wieder-Liste

Erstelle mit den Kindern eine Liste von Gerichten, die sie mögen – keine Sorge, es müssen keine Gourmet-Menüs sein. Sobald das Drama um „Ich mag das nicht!" losgeht, ziehst du die Liste hervor und servierst einen Klassiker.
Alternativ kann man auch gemeinsam einen Karteikasten mit den Lieblingsgerichten der Kinder befüllen oder jedes Kind bekommt einen eigenen Karteikasten. Per Zufall wird dann eine Karte gezogen.
Denn wer kennt diese nervige Frage nicht, die einer Mama TÄGLICH durch den Kopf geht: „Was soll ich heute kochen?"

HUMOR RETTET ALLES

Wenn alle Stricke reißen, bringe eine Prise Humor an den Tisch: Erzähle einen Witz („Wie nennt man einen Keks, der unter einem Baum liegt? Ein schattiges Plätzchen!"), oder veranstalte ein lustiges Essensrennen. Ja, auch ein Wettessen darf mal sein! Hauptsache, auch die schlechten Esser am Tisch essen endlich mal ihr Gemüse auf.

ZUSATZTIPP

Erstelle einen Essensplan für die Woche und gehe am Wochenende einkaufen. Klingt spießig? Vielleicht. Aber es spart dir das tägliche „Was soll ich heute bloß kochen?"-Drama und bewahrt dich davor, zum 10. Mal bei der netten Nachbarin zu klingeln, um eine Zwiebel, Milch oder gleich ein ganzes Huhn zu borgen. Irgendwann zieht sie nämlich um.

Falls du dich aus unerklärlichen Gründen übermotiviert fühlst (vielleicht weil die Kinder bei den Großeltern sind oder du drei Kaffees zu viel hattest), könntest du sogar den ultimativen Mama-Power-Move wagen: Vorkochen und einfrieren!
Stelle dir das mal vor: Die ganze Woche nichts mit Kochen am Hut zu haben! Du ziehst einfach das vorbereitete Chili oder die Lasagne aus dem Gefrierschrank, wirfst sie in den Ofen und machst in der Zwischenzeit … na ja, was Mamas halt so machen – wahrscheinlich trotzdem irgendwas für die Kinder.

3. Kapitel:

Dem Haushalt den Kampf ansagen

10 Überlebensstrategien,
um den Haushalt zu bezwingen!

Der Good-Vibes-Modus

Setze dir eine coole Playlist auf die Ohren und stelle dir vor, du bist gerade beim Après-Ski oder auf der nächsten Mama-tanzt-Party. Der Staubsauger ist dein Tanzpartner, der Putzwedel dein Mikrofon (Achtung bei einer Stauballergie!) und das Raumspray ist dein metaphorischer Drink (ein bisschen duselig wird man davon auch). The stage is yours!

DAS 30-MINUTEN-WUNDER

Stelle einen Timer und widme dich 30 Minuten lang dem Haushalt – egal, ob es das Aufräumen der Küche oder das Sortieren von Socken ist. Der Timer macht es erträglicher und du wirst überrascht sein, wie viel du in kurzer Zeit schaffen kannst. Ein bisschen Zeitdruck sorgt dafür, dass du schneller und effektiver bist.

Danach darfst du dich belohnen! Ein paar Videos am Handy schauen oder nach drei Jahren mal wieder mit deiner besten Freundin telefonieren.

Die Weniger-ist-mehr-Strategie

Weniger Zeug = weniger Chaos. Nutze jeden Frühjahrsputz oder regnerischen Sonntag, um auszumisten. Spielzeuge, die niemand mehr beachtet, oder Kleidung, die längst zu klein ist – weg damit (eignet sich hervorragend als Spende)! Weniger Dinge bedeuten weniger aufzuräumen, und das ist wahre Haushalts-Effizienz.

Bonustipp 1: Verstaue die Hälfte der Spielsachen in Kisten im Keller oder auf dem Dachboden. Tausche die Spielsachen nach einiger Zeit aus. So herrscht weniger Chaos im Kinderzimmer und die Kinder haben immer wieder neue Spielsachen, mit denen sie spielen können – ganz ohne Reizüberflutung.

Bonustipp 2: Tausche Spielsachen mit anderen Familien. So bleibt es auch immer spannend und abwechslungsreich. Gleichzeitig ist diese Methode nachhaltig und schont den Geldbeutel, da nicht immer neues Spielzeug gekauft werden muss. Außerdem lernen die Kinder, Verantwortung für die Sachen anderer zu übernehmen.

Der Korb-Trick

Platziere in jedem Zimmer einen Wäschekorb. Alles, was nicht an seinen Platz gehört, fliegt rein. Wenn du später Zeit hast (oder jemanden bestechen kannst), wird der Korb ausgeräumt. Keine Zeit? Dann bleiben die Sachen halt im Korb – Hauptsache, der Raum sieht aufgeräumt aus.

Die „mache nur halb"- Strategie

Du musst nicht alles perfekt machen. Staubwischen nur dort, wo es wirklich sichtbar ist. Kissen aufschütteln, damit es ordentlich aussieht – und fertig. Niemand wird merken, dass du nur die oberste Ebene des Chaos bearbeitet hast.

Es war einmal ...

... ein sauberes und ordentliches Zuhause, bevor Leben ins Haus kam. Und das ist auch gut so! Akzeptiere, dass ein blitzblankes Zuhause mit Kindern so realistisch ist wie ein Einhorn im Garten. Setze dir erreichbare Ziele: Küche sauber, Sofa erkennbar und der Boden halbwegs Lego-frei – fertig ist der Haushaltstraum.

Der Multitasking-Masterplan

Nutze die kleinen Zeitfenster im Alltag clever aus. Während das Essen auf dem Herd kocht, wische kurz die Arbeitsplatte ab. Während die Kinder Zähne putzen, sortiere ein paar Socken.

Multitasking heißt hier: nicht alles auf einmal, sondern viele Mini-Aufgaben nebenbei – denn jetzt mal ehrlich, wenn jemand es beherrscht mehrere Sachen gleichzeitig zu machen, ohne die Kontrolle zu verlieren, dann sind es Mütter, mit einem letzten Funken Anspruch an sich und ihren natürlichen Lebensraum.

Outsourcing –
Kinder einspannen

Kinder lieben Spiele? Perfekt! Lasse sie „Haushalt spielen": Der Staubwedel wird zur „Zauberstab-Mission", das Bettmachen zum „Ritterritual" und das Aufräumen zum „Wer findet die meisten Spielsachen?"-Wettkampf. Und wenn sie fragen, warum nur sie aufräumen: Weil einer das Spiel anleiten muss.

Bonustipp: Manchmal kann Erpressung auch sehr nützlich sein! „Du möchtest ein bisschen fernsehen?", „Du möchtest raus mit Freunden spielen?" – „Fein! Aber vorher räumst du dein Zimmer auf."

WÄSCHEBERG-CHALLENGE

Wäsche falten ist langweilig? Dann mache ein Spiel daraus: Wie viele Teile kannst du in einer Minute falten? Oder miss dich mit deinem Partner. Und wenn niemand mithilft? Tja, dann bleibt die Wäsche halt im Korb, bis ein würdiger Gegner gefunden ist. Sie läuft sicher nicht weg. (Leider!)

DIE RUMPELKAMMER-TAKTIK

Klingelt spontaner Besuch? Sammle alles Chaos in einem Raum und schließe die Tür – offiziell bekannt als „Rumpelkammer-Taktik". Wer kennt sie nicht, die geheime Chaos-Zone?

4. KAPITEL:

KINDER BESCHÄFTIGEN

10 Überlebensstrategien,
um die Kinder bei Laune zu halten – und
dir ein paar ruhige Minuten zu
verschaffen!

DIE AUSGRABUNG

Befülle Luftballons mit kleinen Figuren (z. B. Dinos) und Wasser. Danach legst du sie über Nacht in die Tiefkühltruhe. Am nächsten Tag können die Kinder mit kleinen Hammern die Figuren freiklopfen. Deine Kinder werden begeistert sein und dieses Spiel verschafft dir ganz viel Mama-Me-Time.
Gern geschehen!

DER KARTON-ZAUBER

Ein Schuhkarton ist alles, was du brauchst. Lasse die Kinder entscheiden, was daraus wird: ein Haus, ein Raumschiff oder eine Unterwasserwelt. Gib ihnen ein paar Farben, Scheren, Pappe, irgendwelche kleinen Gegenstände und Klebeband, und der Nachmittag ist gerettet.

Mini-Spa

Organisiere einen Wellness-Tag: Die Kinder dürfen Masken aus Gurken und Joghurt rühren, sich gegenseitig massieren oder Mamas Füße mit Creme einreiben (Win-win für dich!). Es macht Spaß und tut gut!

Die „Ich bin der Chef"-Methode

Gib den Kindern das Gefühl, dass sie das Sagen haben – zumindest ein bisschen. Lasse sie einen Plan für den Tag machen, inklusive Spielen, Essen und einer Mamas-Pause-Zeit. Sie werden stolz sein, und du hast etwas Zeit, um kurz durchzuatmen.

Wasserspaß

Stelle eine große Schüssel mit Wasser auf (drinnen mit Handtuchunterlage, draußen einfach so) und gib den Kindern Plastikspielzeug oder alte Küchenutensilien. Sage ihnen, sie seien jetzt „Unterwasserforscher". Ergebnis: 30 Minuten absolute Ruhe – oder bis sich das Wasser außerhalb der Schüssel befindet.

DER ETWAS ANDERE MALWETTBEWERB

„Wer malt Mama (die gemütlich auf dem Sofa liegt) am schönsten?" Das sorgt für Lacher, hält sie beschäftigt und beschert dir (vielleicht) ein paar schiefe Porträts, die du stolz an die Wand hängen kannst. Und das Beste daran: Du darfst einfach gemütlich auf dem Sofa chillen.

DER WETTLAUF GEGEN DIE ZEIT

Kinder lieben es, gegen die Uhr anzutreten. Ob Zimmeraufräumen, Socken sortieren oder Hindernisparcours im Garten – stelle einen Timer, und plötzlich macht selbst die langweiligste Aufgabe Spaß.

Bonustipp: Das Sortierspiel auf Zeit

„Wer sortiert die Legosteine nach Farben am schnellsten?" oder: „Wer findet die meisten Sockenpaare?" – einfache Aufgaben, die dir vielleicht langweilig erscheinen, für Kinder aber wie eine epische Mission klingen. Und das Beste: Es macht nichts, wenn sie fertig sind – du kannst ihnen immer wieder eine neue Aufgabe geben.

Die Regisseure von morgen

Lasse die Kinder mit deinem Handy oder einer Kamera einen kurzen Film drehen. Sie können das Drehbuch schreiben, die Rollen spielen und sogar die Regie übernehmen. Bonuspunkte für einen „Premierenabend" mit Popcorn und rotem Teppich.

Die „Höhlenexpedition"

Wirf ein paar Decken und Kissen ins Kinderzimmer und sage den Kindern, sie sollen eine Höhle bauen. Wichtig: Sie dürfen dich erst wieder rufen, wenn sie den „sichersten Unterschlupf der Welt" errichtet haben. (Das gibt dir mindestens 20 Minuten.)

Notfallplan

Heute ist einer dieser Tage? Kaum geschlafen, krank oder dein Lady-Business klopft an, dann mache es dir doch mal so richtig einfach! Ja, auch Super-Dinkeldörten dürfen mal so richtig faul und unpädagogisch sein!

Sage den Kindern, sie können heute alles machen, was sie wollen – mit einer einzigen Bedingung: Mama wird nicht gestört! Sie finden dieses Zugeständnis sicher grandios, während du dich mit einem Buch oder einem Wärmekissen in die stille Ecke verziehst. Verbuchen wir es als freies Spiel und viel Vertrauen in deinen Nachwuchs.

Aufräumen kann das Chaos dann deine bessere Hälfte oder deine überholte Mama-Version 2.0 am morgigen Tag, die dich ziemlich sicher verfluchen wird.

5. Kapitel:

Entspannungstipps für Mama

10 Überlebensstrategien,
um den Akku wieder aufzuladen!

Strömen*

Schnappe dir ein Kind, lege es auf deinen Oberkörper und macht es euch auf dem Sofa gemütlich. Strömen ist eine Mischung aus Kuscheln und Energie auftanken – für euch beide. Während du tief durchatmest, spürt dein Kind deine Ruhe und wird selbst entspannter. Bonus: Du kannst das Strömen als „Mama-Ladegerät" verkaufen: „Je länger wir so liegen, desto mehr Energie haben wir für später!"

* Das Strömen (auch bekannt als Jin Shin Jyutsu) ist eine alte Heilkunst aus Japan, die darauf basiert, Energieblockaden im Körper zu lösen und den Energiefluss wiederherzustellen. Es wird angenommen, dass bestimmte Punkte auf unserem Körper mit Energiezentren verbunden sind, und durch sanftes Halten dieser Punkte können wir Entspannung und Wohlbefinden fördern. Strömen ist eine einfache, aber effektive Methode, die du leicht anwenden kannst – auch mit deinen Kindern.

Noise-Cancelling-Magie

Setze Kopfhörer auf, auch wenn du keine Musik hörst. Niemand stört jemanden, der „arbeitet" – auch wenn du eigentlich nur einen True-Crime-Podcast hörst. (Was Mama nicht hört, kann sie nicht stressen!)

DER MINI-WELLNESS-MOMENT

Eine Tasse Tee, eine Duftkerze und drei Minuten tiefes Atmen reichen manchmal, um dich wieder aufzuladen.

Bonus-Tipp: Die 5-5-5-Atemtechnik für gestresste Mamas

1. Atme 5 Sekunden tief durch die Nase ein. (Stelle dir dabei vor, wie du Ruhe und Gelassenheit einatmest – oder den Duft von Kaffee, wenn das besser hilft).
2. Halte den Atem 5 Sekunden an. (Spüre, wie die Ruhe sich in deinem Körper ausbreitet.)
3. Atme 5 Sekunden langsam durch den Mund aus. (Stelle dir vor, wie du den Stress in kleinen Wolken ausatmest – pfffft, raus damit!)

Wiederhole das Ganze 3–5 Mal. Es fühlt sich an wie eine Mini-Pause in einem Tag voller Wahnsinn. Und das Beste: Du kannst es überall machen – ob in der Küche, im Auto oder während jemand „Mamaaaaa!" schreit.

Einfach singen

Keine Sorge, eine Sopranstimme ist nicht nötig. Warum ist Singen der ultimative Entspannungsgeheimtipp? Weil Singen Stress einfach wegschmilzt. Dein Körper schüttet Endorphine aus, und plötzlich fühlt sich die Welt weniger stressig an. Zumindest für dich. Die anderen müssen deinen Gesang ertragen.

DER AUTO-AUSZEIT-TRICK

Setze dich ins Auto, fahre eine Runde oder zwei – oder bleibe einfach in der Einfahrt stehen, während irgendwer anderes auf die Kinder aufpasst. Die völlige Stille im Auto ist wie ein Mini-Urlaub, und niemand fragt nach Snacks oder Hilfe bei den Hausaufgaben.

DER NETFLIX-QUICKIE

Gönne dir eine Folge deiner Lieblingsserie. Es ist egal, ob du sie schon fünfmal gesehen hast – diese 20 Minuten für dich allein sind wie eine mentale Streicheleinheit.

Bonustipp: Iss dabei heimlich Schokolade.

Die Tanz-dich-frei-Strategie

Drehe deine Lieblingsmusik laut auf und tanze wie ein Rockstar durch die Küche. Es ist egal, ob du albern aussiehst – es macht Spaß, die Energie fließt, und für ein paar Minuten fühlt sich alles leichter an. Vielleicht solltest du vorher die Vorhänge schließen, damit die Nachbarn kein Video von dir drehen, das dann später viral geht und du ungewollt zur Internet-Berühmtheit wirst.

Die Bett-Meditation

Lege dich für fünf Minuten ins Bett (ja, mitten am Tag!) und tu einfach … nichts. Kein Handy, keine To-do-Liste, nur Augen schließen und atmen. Es wird sich anfühlen wie eine Mini-Wiedergeburt.

Bonustipp: Spiele über YouTube Walgesänge oder Vogelgezwitscher ab.

Die Mama-Freundin

Schreibe einer Mama-Freundin oder schicke ihr eine Sprachnachricht und lasse mal so richtig Dampf ab. Ein „Ich werde heute wahnsinnig!" reicht, um die magischen Antworten „Ich auch!" oder „Weißt du, was bei uns passiert ist?!" auszulösen. Geteiltes Leid ist halbes Leid!

Die Alles-egal-Phase

Wenn wirklich nichts mehr hilft: Ignoriere den Haushalt, ignoriere den Lärm, ignoriere die Welt. Bestelle dir etwas zu essen, schnappe dir dein Lieblingsgetränk und erkläre den Tag für beendet – selbst wenn es erst 15 Uhr ist. Morgen ist auch noch ein Tag!

6. Kapitel:

Working-Mom-Überlebenstipps

10 Überlebensstrategien
für eine Work-Life-Balance.

FAMILIENPLANER

Erstelle einen Aufgabenplan, der klar regelt, wer wann, was übernimmt. Und hänge ihn gut sichtbar auf, am besten an der Kühlschranktür. Kinder können Aufgaben wie „Spielzeug aufräumen" oder „Tisch decken" übernehmen, während dein Partner die Wäscheberge bändigt. Vergiss nicht, auch für dich eine Pause einzutragen – denn auch Mama muss keine 24/7-Schicht schieben!

Die geheime Mission

Arbeitest du im Homeoffice? Dann führe klare Grenzen ein: Wenn die Tür zu ist, bist du in einer wichtigen „Mission" (klingt besser als „Meeting"). Kinder verstehen das irgendwann – oder sie werden zumindest leiser, wenn du sie mit Snacks bestichst.

To-do-Liste - aber realistisch

Vergiss die ellenlangen Listen! Schreibe maximal drei Dinge auf, die du an einem Tag schaffen willst – das ist machbar und fühlt sich großartig an, wenn du sie abhaken kannst. Der Rest? Der kann warten oder delegiert werden.

Der 30-Minuten-Puffer

Du kommst von der Arbeit und bist noch nicht bereit, dich ins Familienchaos zu stürzen? Führe einen 30-Minuten-Puffer ein. Das heißt, in den ersten 30 Minuten, in denen du dein Zuhause betrittst, darf dich niemand, aber auch wirklich niemand ansprechen. Du isst erst mal was, trinkst einen Kaffee oder starrst aus dem Fenster. Egal was! Diese 30 Minuten gehören dir ganz alleine! Danach bist du wieder voll da für deine Liebsten, mit absoluter Hingabe und Nerven wie Drahtseile.

Qualität vor Quantität

Deine Kinder werden sich nicht daran erinnern, **wie viel** Zeit du mit ihnen verbracht hast, sondern **wie** ihr die gemeinsame Zeit verbracht habt. „Ja, Mama muss arbeiten und Geld verdienen. Aber, es bleibt noch viel Zeit für euch übrig und in dieser Zeit machen wir ganz besondere Sachen."
Da wird das Wohnzimmer zum Hindernislauf oder die Küche zur Bäckerei. Besondere Ausflüge dürfen geplant werden oder es gibt den Nachtisch vor dem Mittagessen. Das sind Erlebnisse, an die sich deine Kinder erinnern werden. Diese Zeit ist fest geblockt und kein Anruf oder eine wichtige

DIE POWER-STUNDEN-METHODE

Arbeite in klar definierten Zeitblöcken, in denen du dich auf eine Aufgabe konzentrierst. Sage allen (inklusive dir selbst), dass in dieser Zeit nur ein Tornado oder eine Flutwelle stören dürfen. Danach gönnst du dir und den Kindern eine Belohnung – Win-win.

Delegieren

Arbeite daran, dich von der Vorstellung zu lösen, alles allein schaffen zu müssen. Delegiere Aufgaben – an deinen Partner, die Großeltern oder die Kinder (ja, auch 6-Jährige können Einkäufe in den Kühlschrank räumen!).

Feste Zeiten

Beantworte E-Mails und Nachrichten nicht sofort, sondern zu festen Zeiten. Niemand stirbt, wenn du nicht innerhalb von 10 Sekunden antwortest – und du hast so mehr Zeit für dich und die Familie.

Der heilige Abend

Lege abends Laptop und Handy weg und erkläre den Feierabend für heilig. Keine Arbeit, kein Haushalt, keine To-do-Listen. Setze dich mit einem Glas Wein und/oder einem Eisbecher aufs Sofa und feiere deine Freiheit.

Lachen als Geheimwaffe

Wenn alles schiefläuft – die Kinder schreien, während der Chef anruft, und der Hund rennt mit dem Abendessen davon – lache. Manchmal ist Humor das Einzige, was dich vor dem Wahnsinn bewahrt. Plus: Kinder lieben es, wenn Mama lacht – und Lachen ist ansteckend.

7. Kapitel:

Kindergeburtstage und Events ohne Stress

10 Überlebensstrategien,
um nicht ins Schwitzen zu geraten!

DIE KEEP-IT-SIMPLE-STRATEGIE

Vergiss die Pinterest-Perfektion! Kinder wollen Spaß, nicht eine dreistöckige Torte mit Fondant-Kunstwerken. Kuchen aus der Backmischung? Perfekt. Spiele wie „Topfschlagen"? Klassiker! Halte es simpel – und der Stress bleibt draußen.

DER EINLADUNGS-RETTER

Erstelle digitale Einladungen (WhatsApp, E-Mail oder Online-Tools) – kein Ausdrucken, kein Verteilen.

Bonustipp: Der Drei-Stunden-Maximalplan

Halte die Partyzeit kurz und knackig – zwei bis drei Stunden sind perfekt. Es reicht für Spaß und Spiele, ohne dass die Kinder überdreht und du erschöpft bist.

DIE THEMEN-LIGHT-OPTION

Ein Motto macht Spaß, aber übertreibe es nicht. Ein paar Luftballons, passende Teller und Servietten reichen aus. Du brauchst keinen Dino-Anzug, um die Dino-Party zum Hit zu machen – die Kids haben genug Fantasie.

DRAUßEN IST ALLES BESSER

Organisiere die Feier im Garten, im Park oder auf dem Spielplatz. Mehr Platz für die Kinder = weniger Aufräumen für dich. Und die Natur übernimmt die Deko.

Bonus: Frische Luft macht müde Kinder.

Fingerfood

Statt ein aufwendiges Buffet zu zaubern, setze auf Fingerfood: Mini-Pizzen, Obstspieße, Popcorn und Brezeln. Kinder lieben es, zu snacken – und du sparst dir das endlose Herumtragen von Tellern.
Bonustipp: Pizza selbst machen
Statt dich mit dem Essen abzumühen, werden die Kinder zu kleinen Pizzabäckern! Gib ihnen Pizza-Fertigteig, Soße, Käse und Beläge, und lasse sie ihre eigenen Kreationen zaubern. Sie sind beschäftigt, du hast weniger Arbeit, und das Essen ist gleichzeitig eine Aktivität.

Das Teamprojekt

Wenn andere Eltern bleiben, lasse sie mithelfen. Ein Papa als Grillmeister, eine Mama als Spielleiterin – plötzlich wird die Party ein Teamprojekt, bei dem du nicht versuchst, das Boot alleine über Wasser zu halten.

Die Spielstationen-Methode

Richte Spielstationen ein, damit die Kinder sich selbstständig beschäftigen können: Malstation, Kissenburg oder Schatzsuche. Kinder brauchen Struktur – und du kannst durchatmen oder mit deiner Besti-Mutti über den letzten Elternabend lästern, während sie herumflitzen.

Abgespeckte Gästeliste

Es muss nicht die gesamte Fußballmannschaft, die Krabbelgruppe von vor 3 Jahren und die komplette Kindergartengruppe, von der dein Kind die Hälfte der Kinder ohnehin nicht mag, eingeladen werden. 5 ist eine magische Zahl. Die 5 engsten Freunde oder Verwandten. Das reicht völlig und ist nicht nur für dich, sondern auch für dein Kind viel entspannter!

DIE PROFI-HILFE

Engagiere doch einfach einen Entertainer! Ob Clown, Zauberer oder Kinderschminken – das ist eine Investition in deine Entspannung. Du musst nicht als Alleinunterhalterin auf Koks fungieren. Und die Kinder? Die werden es lieben!

Der Aufräum-Party-Trick

Nutze die letzte halbe Stunde der Party, um die Kinder beim Aufräumen einzuspannen – und mache daraus ein Spiel! Schnapp dir eine Stoppuhr.

„Wer sammelt die meisten Luftballons?", „Wer stapelt die Becher am schnellsten?" Kinder lieben Wettkämpfe, und du sparst dir Arbeit. Außerdem gehen sie stolz nach Hause, weil sie „gewonnen" haben.

8. Kapitel:
Mama-Life-Hacks

10 Überlebensstrategien,
die dir den Alltag aber so was von
erleichtern!

Die Alleskönner

Feuchttücher sind nicht nur für Babypopos: Sie reinigen klebrige Hände, verschüttete Getränke, staubige Regale, schmutzige Schuhe – und manchmal sogar Mamas Gesicht nach einer langen Nacht. Wenn du sie nicht sowieso schon in jeder Tasche hast, dann jetzt!

Der Snack-Geheimvorrat

Habe immer einen geheimen Snack-Vorrat nur für dich. Ja, nur für dich! Es gibt nichts Schlimmeres, als wenn du ganz dringend Nervennahrung brauchst und die Schokolade „zufällig" von jemand anderem entdeckt wurde. (Kleiner Tipp: Verstecke sie hinter dem Gemüse im Kühlschrank – da schaut ganz sicher niemand nach.)

Der Farb-Code-Hack

Gib jedem Kind eine Farbe für Handtücher, Trinkflaschen oder Geschirr. So weiß jeder sofort, was ihm gehört, und das ewige „Das ist meins!" oder „Ich will das, was er/sie hat!" gehört der Vergangenheit an. Weniger Drama, mehr Ruhe!

Einmal kochen, zweimal essen

Wenn du kochst, mache immer die doppelte Portion und friere den Rest ein. So hast du an stressigen Tagen ein fertiges Essen bereit. Dein zukünftiges Ich wird dir dankbar sein.

DER NOTFALL-KARTON

Fülle eine Kiste mit Überraschungen: kleine Spielzeuge, Malbücher, Knete oder neue Stifte. Wenn alles schiefläuft und du dringend eine Pause brauchst, ziehst du einen „Schatz" aus der Kiste. Kinder lieben Überraschungen – und du kannst durchatmen.

DER EISWÜRFEL-TRICK

Nutze Eiswürfelformen für alles: Reste von Soßen, Kräutern, Brühe oder Babynahrung einfrieren – so hast du immer kleine Notfall-Portionen griffbereit. Achtung: Vergiss es nicht zu beschriften, sonst beginnt ein Ratespiel, was sich lustiger anhört, als es ist.

Die Power-Hour

Eine Stunde, in der du und deine Kinder richtig Gas gebt. Ein Family-Work-out, draußen um die Wette laufen, gemeinsame Spielzeit – eine Stunde, die zur Familienzeit ernannt wird, ohne Handy, nervige Sachen, die keinen Spaß machen und vor allem ohne schlechte Laune! Wenn du ihnen in dieser Zeit deine volle Aufmerksamkeit schenkst, werden deine Kinder es dir verzeihen, wenn du dich davor oder danach etwas zurückziehst.

Erinnerung: Du bist nicht der Non-Stop-Entertainer für deine Kinder. Sie können sich auch durchaus selbst beschäftigen.

Die Ich-bin-im-Bad-Taktik

Sage deiner Familie, dass du „nur mal kurz ins Bad" gehst, und schließe die Tür ab. Ob du wirklich duschst oder nur das Wasser aufdrehst und stattdessen auf dem WC sitzt und auf deinem Handy scrollst, bleibt dein Geheimnis.
Bonustipp: Ein Glas Wein oder ein Buch machen das Versteck noch luxuriöser.

Snack-Time

Das ewige Quengeln im Supermarkt oder der Satz „Ich will was Süßes!" gehen dir auf die Nerven? Dann kommt hier die ultimative Idee: Führe eine Sack-Time pro Tag ein. Das heißt, von beispielsweise 15–16 Uhr darf genascht werden. Da gibt es ein Stück Kuchen, Eis oder einen Schokoriegel. Die Kinder gewöhnen sich schnell daran und wissen, dass es nur zur Snack-Time etwas zu naschen gibt. Diese Zeit wird zum Highlight des Tages und den Rest des Tages hast du Ruhe vor Quengeleien.

Gelb oder Blau?

Was funktioniert immer noch am besten, wenn du möchtest, dass dein Kind etwas Bestimmtes macht? Genau, überlasse ihm die (gefühlte) Entscheidung. Das klappt einfach immer! Du möchtest, dass dein Kind heute Gummistiefel anzieht? Frage es: „Möchtest du lieber die gelben oder die blauen Gummistiefel anziehen?"
Du möchtest, dass dein Kind Gemüse isst? Frage es: „Möchtest du gegen mich oder gegen Papa im Wettessen antreten?"

9. Kapitel:

Ab ins Bett - Mama hat Me-Time

10 Überlebensstrategien
für: „Ich will nicht ins Bett!"

Die 5-Minuten-Verhandlung

Gib ihnen noch 5 Minuten, aber lasse sie bestimmen: „Möchtest du 5 Minuten extra spielen oder 5 Minuten länger eine Geschichte hören?" Die Wahl sorgt für Kontrolle – aber du bist diejenige, die die Zeit im Griff hat.

Meine Abendroutine

Hier kommt die ultimative Ergänzung zum Morgenroutine-Board. Die Kinder kennen es schon, es funktioniert – wunderbar! Eine echte Hilfe für eine entspannte Abendroutine.

Hier findest du eine Vorlage zum Ausdrucken:

Nachtlichter

Erwecke die Zimmerdecke zum Leben. Schon für wenig Geld kann man Projektionslichter kaufen, die ganze Unterwasserwelten oder das Weltall an die Zimmerdecke projizieren. Ein echtes Erlebnis für Klein und Groß und eine absolute Empfehlung zum Entspannen und Runterkommen. So können die Kinder es kaum erwarten, ins Bett zu gehen.

Der Taschenlampen-Trick

Gib den Kindern für abendliche Rituale (z. B. Bücher lesen), eine Taschenlampe mit ins Bett. Plötzlich macht es super viel Spaß, ins Bett zu gehen. Sie können sich unter die Decke verkriechen und in ihrer Bärenhöhle lesen.

DIE ENERGIE MUSS RAUS

Wenn du denkst, dass toben, hüpfen auf dem Bett oder eine Kissenschlacht kurz vor dem Schlafengehen ein No-Go ist, was nur Vätern einfallen kann, die den ganzen Tag gemütlich im Büro saßen, dann liegst du eventuell falsch. Hier heißt es aber, auf die Signale achten. Wenn dein Kind oder deine Kinder noch zu viel Energie in sich haben, wird es ihnen schwerfallen einzuschlafen. In dem Fall ist es besser, ihnen eine Möglichkeit zu geben, sie herauszulassen. Probiere es aus. Jedes Kind ist anders.

DAS RITUAL

Lege mit deinem Kind oder deinen Kindern gemeinsam ein Bettritual fest, z. B. ein Lied singen, eine Geschichte lesen oder erfinden, vom Tag zu erzählen („Was war heute am schönsten?") oder über die Gefühle sprechen („Wie fühlst du dich?"). Für Kinder sind Rituale unheimlich wichtig. Sie geben Sicherheit und ein Gefühl von Geborgenheit.

Der Mama-Ersatz

Klar, es gibt keinen Mama-Ersatz! Aber vielleicht einen kleinen Tröster, wenn Mama einfach mal Raum für sich braucht, weil sie „overtouched" ist. Schnuller, Kuscheltier oder Schnuffeltuch –finde etwas, was deinem Kind Sicherheit und Geborgenheit gibt, auch in der Nacht, und womit es sich selbst regulieren kann. Funktioniert nicht immer, aber manchmal.

Jetzt lese ich vor

Hast du an manchen Abenden keine Lust, die Lieblings-Gute-Nacht-Geschichte
zum hundertsten Mal vorzulesen? Dann kommt hier der ultimative Tipp für alle Eltern mit Kindern ab sechs Jahren. Mit diesem Buch schlägst du nämlich zwei Fliegen mit einer Klappe. Du kannst dich entspannt zurücklehnen, während dein Kind DIR eine Geschichte vorliest und dabei kommst du sogar deinem pädagogischen Bildungsauftrag nach, obwohl du einfach nichts tust. Wie genial ist das?

EINSCHLAFBEGLEITUNG DELUXE

Du begleitest dein Kind oder deine Kinder in den Schlaf? Das kann (wenn du Pech hast) lange dauern. Du möchtest aber nicht deine halbe Mama-Me-Time opfern? Wie wäre es mit einer meditativen Pause für dich, bis dein Kind schläft? Kopfhörer auf und während deine Mäuse (oder dein Mäuschen) sich an dich kuscheln, einer Traumreise, Vogelgezwitscher oder Walgesängen lauschen und tief durchatmen.

Bonus: Spüren deine Kinder deine Ruhe und deine gleichmäßige Atmung, werden sie ganz sicher auch viel schneller einschlafen.

DER ABEND GEHÖRT DIR!

Egal, ob du es geschafft hast, die Wäsche abzuhängen, die Küche zu putzen oder das Klo zu schrubben: Das sind keine Aufgaben für den Abend! Denn der Abend gehört dir! Vielleicht darf dein Partner dieser heiligen Zeit beiwohnen, wenn er nett zu dir ist. Das dreckige Geschirr ist morgen auch noch da!

10. Kapitel:

Wenn gar nichts mehr geht

10 Überlebensstrategien
für Momente, in denen du denkst:
Es läuft rückwärts und bergab!

Der 5-Minuten-Wutanfall

Erlaube dir, wütend zu sein: Schreie ins Kissen, stampfe durch die Wohnung oder wirf ein Sockenbündel gegen die Wand. Danach fühlst du dich überraschend leichter – und keine Socke wurde ernsthaft verletzt.

LÄCHELN

Wusstest du, dass ein Lächeln – auch wenn es kein echtes ist – wahre Wunder bewirken kann? Warum? Weil dein Gehirn reingelegt wird. Es merkt nicht, ob du aus vollem Herzen grinst oder nur so tust – es schüttet trotzdem Glückshormone aus. Clever, oder? Außerdem ist es ansteckend. Lächelst du deine Kinder (oder deinen Partner) an, lächeln sie zurück – und plötzlich fühlt sich der Tag leichter an.

DIE GROßELTERN-HOTLINE

Wenn gar nichts mehr geht: Rufe die Großeltern an und frage, ob sie die Kinder „spontan und ganz dringend" übernehmen können. Sie sagen nicht umsonst, dass sie gerne helfen – jetzt können sie es beweisen!

Geschützter Raum

Das Auto kann ein echter Lebensretter sein. Nur hier hast du die Möglichkeit, aus vollem Herzen zu schreien, ohne dass jemand die Menschen mit der Zwangsjacke ruft. Ja, du hast richtig gelesen. Setze dich ins Auto, fahre los und schreie so laut du kannst! Einmal, zweimal, dreimal, sooft du es brauchst oder bis du heiser bist. Schonmal ausprobiert? Das tut verdammt gut, wenn man einem Nervenzusammenbruch nahe ist. Los, probier's aus!

Das Mütter-Abkommen

Wer nicht das Glück hat, auf Großeltern zurückgreifen zu können, hat aber sicher eine Mamafreundin, die auch manchmal an ihre Grenzen kommt. Trefft eine Vereinbarung. Wenn nichts mehr geht, übernimmt die andere die Kinder. Ihr könnt einen Code festlegen, z. B.: „Kein Land in Sicht!" oder: „Die Hütte brennt!" Unterstützt euch gegenseitig. Ja, auch eine Supermama darf mal um Hilfe bitten!

Eine Stunde Ruhe

Schalte einen Film oder eine lange Serie ein, gib den Kindern ein paar Snacks, und gönne dir eine Stunde völliger Stille. Niemand wird dich dafür verurteilen – und wenn doch, sch*** drauf. Sie stecken nicht in deiner Haut!

Dein Tag

Glückliche Mama – glückliche Familie! Sorge dafür, dass es dir gut geht und du deine verdienten Auszeiten bekommst. Wie wäre es mit einem Tag in der Woche nur für dich? Du kannst wandern gehen, Wellness machen, eine Shoppingtour starten oder einfach nichts tun und schlafen. Führt einen Papa-Kind-Tag ein. So kann der Papa wertvolle Zeit mit seinen Kindern verbringen und die Kinder sind glücklich, weil es mit Papa immer lustig ist. Win-win für alle!

Sport?!

Ja, ich weiß. Du hast das Gefühl, jetzt schon keine Energie mehr zu haben und dann sollst du auch noch Sport machen?! Ganz genau, vertrau mir. Das wird dir guttun. Am besten gehst du ins nächste Fitnessstudio und lässt beim Zumba oder Bike and Beats mal so richtig die Sau raus. Du wirst dich danach großartig fühlen!

Die Ich-bin-dann-mal-weg-Strategie

Ziehe die Schuhe an, schnappe dir die Kopfhörer und gehe einfach eine Runde spazieren. Ob im Garten oder um den Block – frische Luft und ein bisschen Bewegung wirken Wunder. (Keine Sorge, der Chaos-Palast steht noch, wenn du zurückkommst.)

DIE NOTFALLSCHUBLADE

Bestücke deine Schlafzimmerschublade mit Notfall-Zubehör: ein Schokoriegel, Kopfhörer, dein Lieblingsbuch, eine Handcreme und was dir sonst noch wichtig ist und ein gutes Gefühl gibt. Deine persönliche Auszeit-Zone, die dir in hektischen Momenten wieder Energie gibt.

MAMA, DU ROCKST DAS!

Weißt du was?
Du bist der absolute Wahnsinn – und das im allerbesten Sinne! Klar, manchmal fühlst du dich vielleicht eher wie ein chaotischer Zirkusdirektor und nicht wie die Heldin, die du bist. Aber hey, während andere nur ungefragte Kritik üben, jonglierst du mit Kindern, Arbeit, Haushalt, Privatleben und einem Hamster, der aus unerklärlichen Gründen ständig die Flucht ergreift. Und weißt du, was dabei wirklich zählt? Nicht, dass immer alles perfekt läuft (denn, ehrlich, was ist schon perfekt?), sondern dass du jeden Tag wieder aufstehst, nach dem Kaffee greifst (oder ihn suchst), und es trotzdem rockst. Auch wenn deine Definition von „Erfolg" manchmal bedeutet, dass alle halbwegs sauber gekleidet das Haus verlassen.

Du bist die Superheldin deiner eigenen, einzigartigen Geschichte – mit Krümeln im Haar, Flecken auf dem Shirt und einer Menge Liebe im Herzen. Deine Kinder sehen das, auch wenn sie es dir nicht immer sagen. Für sie bist du nicht nur Mama, sondern der Mittelpunkt ihres kleinen Universums. Und ja, manchmal auch der Bösewicht, der Schokolade vor dem Frühstück verbietet – aber hey, auch Superhelden brauchen Gegenspieler, oder? Und mal ehrlich, Kinder können der absolute Endgegner sein!

Also, nimm dir einen Moment, um dich selbst zu feiern. Stelle dich vor den Spiegel, mache eine Powerpose (ja, jetzt!) und sage dir selbst: „Ich rocke das – jeden Tag aufs Neue." Denn das tust du wirklich.

Und wenn mal ein Tag richtig daneben geht? Dann schlage einfach dieses Buch auf, finde einen Tipp (oder etwas zum Schmunzeln) und erinnere dich daran: Du bist nicht allein! Wir alle kämpfen denselben guten Kampf – mit Humor, Herz und einer ordentlichen Portion Chaos.

Mama, du bist großartig!

Buchempfehlungen

(ab 3 Jahren)

Buchempfehlungen

(ab 6 Jahren)

Haftungsausschluss

Die Umsetzung aller enthaltenen Informationen, Anleitungen und Strategien dieses Buchs erfolgt auf eigenes Risiko. Für etwaige Schäden jeglicher Art kann der Autor aus keinem Rechtsgrund eine Haftung übernehmen. Für Schäden materieller oder ideeller Art, die durch die Nutzung oder Nichtnutzung der Informationen bzw. durch die Nutzung fehlerhafter und/oder unvollständiger Informationen verursacht wurden, sind Haftungsansprüche gegen den Autor grundsätzlich ausgeschlossen. Ausgeschlossen sind daher auch jegliche Rechts- und Schadensersatzansprüche. Dieses Werk wurde mit größter Sorgfalt nach bestem Wissen und Gewissen erarbeitet und niedergeschrieben. Für die Aktualität, Vollständigkeit und Qualität der Informationen übernimmt der Autor jedoch keinerlei Gewähr. Auch können Druckfehler und Falschinformationen nicht vollständig ausgeschlossen werden. Für fehlerhafte Angaben vom Autor kann keine juristische Verantwortung sowie Haftung in irgendeiner Form übernommen werden.

Urheberrecht

Alle Inhalte dieses Werkes sowie Informationen, Strategien und Tipps sind urheberrechtlich geschützt. Alle Rechte sind vorbehalten. Jeglicher Nachdruck oder jegliche Reproduktion – auch nur auszugsweise – in irgendeiner Form wie Fotokopie oder ähnlichen Verfahren, Einspeicherung, Verarbeitung, Vervielfältigung und Verbreitung mit Hilfe von elektronischen Systemen jeglicher Art (gesamt oder nur auszugsweise) ist ohne ausdrückliche schriftliche Genehmigung des Autors strengstens untersagt. Alle Übersetzungsrechte vorbehalten. Die Inhalte dürfen keinesfalls veröffentlicht werden. Bei Missachtung behält sich der Autor rechtliche Schritte vor.